Wider die Reichsnörgler.

Ein Wort

zur

Kolonialfrage aus Wählerkreisen.

Von

Professor Dr. Friedrich Ratzel,

München.

München.

Druck von R. Oldenbourg.

1884.

Der Widerwille gegen die Politik der kleinlichen Anfeindungen und Hemmungen, die zerstört, wo aufgebaut werden sollte, gegen die neidischen Krittler und Nörgler, welche es nicht ertragen können, daß einen großen Staatsmann, der von ihrer Weisheit nicht viel hält, die Begeisterung eines aufstrebenden Volkes in seinem schöpferischen Wirken von Erfolg zu Erfolg trage, hat diese Rede eingegeben. Der sie hielt ist kein Politiker von Fach, will es auch nicht werden, ist aber seit lange der Meinung, daß es nicht schaden könnte, wenn jenen Parlamentariern, denen über ihren kleinen Wortkämpfen der Sinn für die wahren, in Parteischablonen nicht zu fassenden Bedürfnisse der Nation verloren gegangen ist, von außerhalb des Parlaments Stehenden offen gesagt werde, welchen Eindruck ihr Gebahren macht. Er entschloß sich diese am 16. September d. Js. in der konstituierenden Versammlung der Nationalliberalen Partei in München gehaltene Rede in etwas erweiterter Form der Öffentlichkeit zu übergeben, weil er hofft, daß dieselbe bei den bevorstehenden Wahlen etwas dazu beitragen könnte, die Wortthelden zu gunsten von Männern der That und der Erfahrung zurückzudrängen.

München, 12. Oktober 1884.

... „Beweisen Sie, daß der Deutsche seinen alten Nationalfehlern zu entsagen weiß, indem Sie den Platz vergessen, den Sie in der Hitze des Gefechtes als Partei, als Einzelner eingenommen haben, indem Sie über Ihre augenblicklichen Gegner hinweg Ihren Blick auf das große Ganze erheben und diesem großen Ganzen einen Dienst erweisen" ...

(Aus einer Rede des Reichskanzlers in der Sitzung des Reichstags des norddeutschen Bundes 23. Mai 1870.)

Aus den herzerwärmenden Worten des Herrn Vorsitzenden haben Sie neuerdings die Überzeugung gewonnen, daß die nationalliberale Partei das Hervortreten einer deutschen Kolonialpolitik als eine hoch erwünschte Thatsache zu verzeichnen hat, die ihr, sei es in diesem, sei es in späteren Kämpfen nur zum Vorteil gereichen kann, sowie ja alles zu ihrem Vorteil ausschlagen muß, was den Stempel des Nationalen trägt. Ich meine sogar, wir können schon heute einen Erfolg darin sehen. Es ist ja doch kein Zufall, daß mit dem Wiedererstarken der nationalliberalen Partei unter der Flagge der Heidelberger Kundgebung eine thatkräftige deutsche Kolonialpolitik sich erhoben hat. Darum kein Zufall, weil demjenigen, der die Bewegungen in Deutschland seit 30, 40 und 50 Jahren verfolgt hat, nicht unbekannt sein kann, daß immer die Forderung einer kräftigen überseeischen Politik, womöglich auf Grund der Erwerbung von Kolonien, innig verknüpft erschien mit allen anderen nationalen Forderungen. Die nationalliberale Partei hat also diesen Programmpunkt nicht aus einem politischen Glückshafen gezogen, sondern derselbe ist eine Blüte an dem Baume, dessen Wurzeln sie selbst entsprossen. Man erinnert sich jetzt kaum mehr daran, daß 1848/49 eines der allerdringendsten Anliegen, das an die

Zentralgewalt in Frankfurt gestellt wurde, dahin ging, Sorge zu tragen, daß die deutsche Auswanderung und der deutsche Handel in einer günstigen Weise gelenkt und geschützt werden möchten und daß die Zentralgewalt — es ist das eine ihrer nicht am wenigsten bedeutsamen Thaten, die aber fast vergessen ist, — es im Wirrsal jener Zeit doch nicht übersah, gute Beobachter und tüchtige Berichterstatter nach den überseeischen Ländern zu schicken, deren Berichte interessantes Material für deutsche überseeische Politik bieten. Wer war es dann anders als der Nationalverein, der im Anfang der Sechziger Jahre die nationale Idee, die wie aus dem Keime klein und arm damals nach langem Schlummer erwachte, durch die Belebung des Sinnes für die deutschen überseeischen Interessen mit zu fördern suchte? Und diese Tendenz machte sich, wie Sie alle wissen, nicht bloß in der Schaffung eines Fonds, aus dem eine deutsche Flotte wieder erbaut werden sollte, geltend, sondern es wurde auch seit dieser Zeit jede überseeische Bethätigung warm begrüßt. Der Instinkt war in der Nation erwacht, daß Prüfstein und Verheißung ihrer Größe besonders auch auf diesem Felde lägen. Und wenn wir heute sehen, daß eine Grundbedingung des Erfolges in der überseeischen Politik in einer für das Binnenland erstaunlichen Weise erfüllt ist durch die stille, aber starke Schöpfung deutscher Interessen in allen Teilen der Welt, in deren rechtmäßigem Schutze diese Politik ihren Urboden von untadelhafter Echtheit und Festigkeit besitzt, so lassen Sie uns dankbar daran denken, daß diese Thatsache ihren Grund mit auch in den nationalen Bestrebungen dieser drang- und verheißungsvollen Sechziger Jahre hat. Es haben dieselben den Blick Tausender auf das Meer und die fremden Küsten gerichtet und sind, es ist rührend zu sagen, soweit sogar gegangen, daß damals der Nationalverein nahe daran war, selbst die deutsche Polarforschung mit den geringen Mitteln zu unterstützen, die ihm zur Verfügung standen, weil, wie von dem unvergeßlichen Harkort in der Mitte seines Ausschusses ausgesprochen wurde, es überhaupt notwendig sei, daß das Land der deutschen Hanse irgend etwas Nationales zur See wieder leiste. So stark war diese Erkenntnis, die noch vielen anderen Plänen Ursprung gab. Aber zum Inslebentreten von Unternehmungen, die dieselbe zum Ausdruck gebracht hätten, fehlte der frische Mut, da man sich immer wieder der Frage gegenübergestellt sah: Müssen nicht unsere inneren Verhältnisse vor allem befestigt sein? Man sagte sich, ein binnenländischer Staat, wie Deutschland, ist in allererster Linie darauf angewiesen, sich den Boden zu sichern, auf dem er steht. Das einzige Gesunde ist dies. Erst feststehen, dann umschauen und wenn nötig ausgreifen!

Nun, durch die Schaffung des Deutschen Reiches ist dieser Boden gesichert; wir haben ein Deutschland! Germania ist jetzt, wie es Fürst Bismarck einmal in einem guten Wort gewünscht hat, in den Sattel gesetzt und das edle Roß ist gesattelt und gezäumt. Es handelt sich — verhehlen wir uns das nicht — um außerordentlich schwierige, an Hindernissen reiche Wettläufe, die über die ganze Welt in unendlich vielen Linien wegführen, und diesen thaten- und siegeslustigen Renner, der die Morgenluft einer besseren Zeit mit weit geöffneten Nüstern wittert, müssen wir denn hinausführen in die frischere Luft der Interessen des Weltverkehrs, nachdem er allzulange im Stalle der europäischen, der kleinen, der engen Interessen gestanden hat. Wir müssen ihm entschieden eine freiere, weitere Bahn öffnen. Wenn also jetzt mit einer gewissen Naturnotwendigkeit die Kolonialfrage und was damit zusammenhängt, oder wie wir vielleicht besser sagen, die Frage unserer überseeischen Politik ins brennende Licht der Gegenwart heraustritt, so wird das eben nichts anderes als die einfache Folge der Erkenntnis sein, daß dieses Deutschland, welches fester steht, als irgend eine Macht seit Jahrhunderten, auch mit dem ausgerüstet werden muß, was es braucht und ohne das es keine volle Macht wäre. Und darin liegt auch der für unsere Partei bedeutsame Zusammenhang mit der Geschichte der früheren nationalen Bestrebungen. Ich habe Fremde sagen hören „Wir begreifen nicht, wie ein so großes Volk keine Kolonien hat.“ Es war das richtige Gefühl, daß Kolonien eigentlich zur Ausrüstung einer Nation gehören, wie denn praktische Staatsmänner auch mit Bezug auf Deutschland höchstens die Zeitfrage stellten, nachdem nun einmal die Jahrhunderte verpaßt sind, in denen an den Paradiesesthoren der transatlantischen Welt noch kein Flammenengel mit dem vorwurfsvollen Worte: „Du kommst zu spät! Verteilt ist die Welt“ uns zurückgewiesen haben würde.

Die Frage der Notwendigkeit verneint niemand, nachdem die Thatsachen der Geschichte in alter und neuer Zeit sie in der klarsten Weise entscheiden. Was in Europa Großmacht ist und was in Europa Großmacht war, das ist auch Kolonialmacht, sei nun die Kolonie ein Bosnien oder ein Indien. Deutschland und Italien sind es allein nicht, weil sie als einheitliche Mächte die jüngsten von allen sind. Nichtsdestoweniger haben sich beide bestrebt, es bei erster Gelegenheit zu werden und zwar, dürfen wir wohl schon sagen, Deutschland größer, kühner und geschickter als Italien, wenn auch, nordischer Bedächtigkeit entsprechend, etwas später. Alle großen Mächte haben es früh oder spät erkennen müssen, und mit wachsender Kraft hat diese Erkenntnis sich Raum verschafft, es handele sich jetzt und für alle Zukunft nicht mehr, wie in der Zeit des Schneckenverkehres, wo man fast ebensoviel Tage brauchte, um Deutschland zu durchreisen, wie jetzt um die ganze Welt zu eilen — es handele sich nicht mehr bloß darum, Gegensätze innerhalb Europas auszufechten. Die Großmachtpolitit ist Weltpolitik geworden. In Zeit von 11 Wochen umsegelt man die Welt: heute ist die Welt jedes Menschen Heimat. Der Baum jedes kräftigen Volkstums hat seine Wurzeln längst über die Grenzen hinausgetrieben, die Geschichte und Natur ihm zuerst angewiesen. Immer weiter streben sie, immer dichter drängen sie sich, die durstigen Saugwurzeln nationaler Größe und Reichtums, die rückständigen Völker machen Platz, wenigen Kulturvölkern gehört offenbar die Welt. Und damit hat denn fast jeder unter uns, welchem Stande er angehöre, auch heute seine überseeischen Interessen, aus deren unnatürlich überwiegender Inbeschlagnahme England friedlich zurückzudrängen das nächste, gemeinsame Interesse der Politik kontinentaler Mächte in Europa und Amerika sein wird. Jeder Deutsche darf heute jenes stolze

Wort des englischen Ministers Fox nachsprechen, das er Napoleon erwiderte, als dieser ihm auf dem Globus das kleine England mit dem Finger zudeckte. „Dieses ist mein Vaterland: die ganze Welt!“ rief Fox, indem er die Kugel umspannte. Wenn man sich auf diesen Standpunkt stellt, und es ist einfach notwendig sich auf denselben zu stellen, wenn man nicht beständig auf die binnenländischen Schranken und Prellsteine blicken und dadurch That- und Unternehmungskraft der Nation gelähmt sehen will, dann ist die Frage überflüssig, ob unser Volk eine Kolonialpolitik braucht, es kann nur gefragt werden: wie muß diese Kolonialpolitik denn beschaffen sein? Nun dank der Um- und Vorsicht unserer Regierung und der Thatkraft unserer transatlantischen und transpazifischen Pioniere, sind wir auch in dieser Beziehung klar geworden. Daß jene weitsichtige Entschlüsse und weitreichende Thaten vor uns gestellt, nimmt uns wahrlich eine Last vom Herzen und schafft ihr unsern wärmsten Dank. Wir, deren Gefühl fürs Vaterland nicht alt geworden und abgestanden, empfinden lebhaft, daß dies zum Ausbau des herrlichen Hauses deutscher Größe gehört, dessen Plan der Geist der Geschichte vorgezeichnet und an dessen Erneuerung von Grund aus seit zwei Menschenaltern unsere Besten gearbeitet haben und arbeiten.

In der Politik gibt es Dinge, die nur im großen Stil behandelt werden können und mit denen man daher nie recht zu einer behaglichen Klarheit kommt, als bis die Staatsmacht sich ihrer so oder so bewältigt und das Kolumbus-Ei zum Stehen bringt auf irgend einer Seite, sei's nun auf der spitzen oder stumpfen. Das Vertrauen eines Volkes auf eine weise und kühne Regierung beruht zu einem großen Teil darin, daß die letztere, wenn die Zeit gekommen, in solchen Fragen das thut, was eben nur sie thun kann: eine kluge That fest vollbringen. Darum danken wir es auch der Reichsregierung, daß sie in dieser durch allzu lange theoretische Diskussion verworrenen Kolonialfrage, die eigentlich seit Jahrhunderten über uns schwebt, endlich einen klaren Weg des praktischen Handelns gewiesen und beschritten hat. Gewiß, viele Jahre hindurch hat man, wenn von Kolonialpolitik die Rede war, das Gefühl gehabt, als rühre man in einem trüben Schlamm, in dem nie eine Klarheit sich ergeben will, sondern dem nur übelriechende Blasen falscher Anschauungen und vergänglicher Hypothesen entsteigen. Man hat sie mit allen möglichen anderen Fragen verquickt und gewiß liegt ja ein großer Teil ihrer Bedeutung wieder gerade in der Vielseitigkeit ihrer Beziehungen. Besonders hat die Auswanderungsfrage dazu beigetragen, die Kolonialfrage zu verwirren, indem die kurzsichtige Anschauung Geltung gewann, Deutschland müsse nur zum Besten seiner Massen-Auswanderung kolonisieren. Wir sind hierin klüger geworden! Wenn wir heute von Kolonialpolitik sprechen, denken wir nicht zuerst an das Suchen nach einem möglichst schönen, guten Lande für jene braven Deutschen, die uns hier sitzen lassen, und uns in der Mehrzahl nach einigen Geschlechtern drüben entfremdet sind oder gar bekämpfen. Die besten Länder für diesen Zweck sind vergeben, unsere Leute müssen sehen, wie sie sich mit deren Besitzern, den Vereinigten Staaten, Kanada, Argentinien, Australien u. s. f., vertragen. Auf manchen Wegen kann wohl das Reich, können Gesellschaften, können unternehmende Einzelne etwas für sie thun und zweifellos wird auch diese Sache nicht unbesorgt bleiben. Allein sie steht jetzt in zweiter Linie.

Unsere heutige Kolonialpolitik befaßt sich zunächst in anderer Richtung mit der Sorge für die deutschen Auswanderer. Wir wissen jetzt, daß die deutsche Auswanderung uns die wertvollsten Kräfte und große Kapitalien entzieht. Die Amerikaner rechnen uns jedes Jahr vor, wie viele Millionen unsere Auswanderer zu ihnen hinüberbringen. Und was die Konkurrenz dieser transatlantischen Brüder bedeutet: Wer durch New-York geht, kann sich das selbst sagen, wenn er sieht, daß jedes zweite Schild einen deutschen Namen trägt! Handelt es sich für uns allerdings auch um eine Erweiterung des Bodens, auf dem wir stehen, denn unsere Bevölkerung ist für unser nicht ganz 10000 Quadrat-Meilen großes Land gewaltig und wird es immer mehr, so müssen wir aber besonders dafür sorgen, daß nun die Auswanderung, die ja nicht gehemmt werden kann und die wir nicht in erheblichem Maße dirigieren können, uns wenigstens nicht in dem Maße entfremdet werde, wie heute, wo die Ausgewanderten uns so verloren gegangen sind, daß wir sagen müssen: Unter den 50 Millionen Yankees stecken vielleicht 8 Millionen Deutsche und der größte Teil spricht kein Wort Deutsch mehr, hat oft deutschen Namen und Erinnerung verloren. Von größtem Belang und für uns im Lande bleibende viel wichtiger, zur Zeit auch allem Anschein nach leichter ausführbar, als die Aufsuchung günstiger Strecken für diese Auswanderer ist der Versuch, irgend etwas — sei es idealer, sei es materieller Natur — zu schaffen, was diese Leute an uns, an ihr altes Land, mit Banden kettet, in denen von Zwang, von Unwilligkeit natürlich keine Spur sein darf. Sie sollen gedeihen wie immer, aber sie sollen nicht aufhören, Deutsche im Herzen, in der Sprache, den Sitten, kurz Mitbürger im Geist und in Wahrheit zu bleiben. Und dies erreicht Deutschland sicher auf dem einen Wege: daß es ihnen selbst näherrückt, daß es über die Welt hin seinen Söhnen folgt mit seiner Macht, mit seinem Ansehen.

Jede nationale Bethätigung des Mutterlandes auf überseeischem Boden bringt unseren dortigen Volksgenossen wieder eine Dosis deutschen Stahles ins Blut. Überhaupt, es ist das etwas, was schon zu oft gesagt worden ist, als daß es hier noch einmal auseinandergesetzt werden müßte: der Verlust der Nationalität ist in jenen fernen Ländern um so leichter, je schwächer die heimatliche Nation ist; je stärker Deutschland wird und je ernsthaft entschlossener es sich besonders in seinen überseeischen Verhältnissen erweist, desto stärker wird auch das Band sein, mit dem es die Leute umschließt, die es draußen hat. Sie haben in dem Vorgang in Angra Pequena ein glänzendes Beispiel, wie das gemacht werden kann. Lesen Sie die Berichte, die unsere Blätter der deutschen Kapzeitung entnommen haben, so sehen Sie, welche Freude die dortigen Kolonisten bewegt, daß ein deutsches politisches Ganzes an ihre Grenzen heranrückt. Das bedeutet unendlich viel mehr als manches, was bisher geschehen konnte, um die Deutschen im Deutschtum zu erhalten. Von dem Moment an, wo die Deutschen in Kapland, in Transvaal und Oranjestaat wissen, daß in der Nähe ein deutsches Land ist, geht die Entdeutschung rückwärts in demselben Maße, als Deutschland an jener Stelle stärker sich zeigt. Darin braucht auch gar nichts Feindliches für die Besitzer jener Kolonien zu liegen, denen es ganz gleich sein kann, welche Sprache ihre Deutschen sprechen, um deren Fleiß und Intelligenz sie froh genug sein dürfen. Die Möglichkeit steht offen, daß an anderen Punkten der Erde Deutschland in derselben klugen, bescheidenen, fleißigen Weise, wenn auch mit Mitteln, die nach Ort und Zeit andere sein mögen, sich Interessen und Rechte schafft, wie es hier geschehen ist, und damit die gleiche Wirkung in einem großen Teil der Welt erzielt. Es handelt sich dabei um etwas, was vielleicht erst in entfernter Zeit gewonnen wird, aber da wir einmal vor der traurigen Thatsache der Auswanderung, des permanenten Aderlasses an den besten jüngsten Adern unseres Leibes als vor einer traurigen Notwendigkeit stehen — denn es gehen ja nicht die Schlechtesten, Schwächsten und Ärmsten hinaus — so müssen wir diese Konsequenz einer starken, kräftigen, überseeischen Politik auch in erster Linie in Berücksichtigung ziehen.

Je mehr man davon zurückgekommen ist, die Größe der Nationen nach der Zahl ihrer siegreichen Schlachten abzuschätzen, erkennt man in der Erziehung und besten Verwertung der größtmöglichen Zahl von tüchtigen Händen und Geistern die Bürgschaft ihrer Dauer und Größe. Nicht mit Unrecht hat man Deutschland als die Kinderschule und Schulstube der Welt bezeichnet. Aber wir wollen, daß darin aufhöre, ein Hohn zu liegen. Wir sind allerdings nicht im stande, in einem Lande, klein und bevölkert wie Deutschland, alle Kräfte zu verwerten, welche wir erzeugen. Mein Vorredner hat mit begeisterten Worten darauf hingewiesen, welchen prachtvollen Menschenstoff Deutschland in sich faßt. Wir haben in der That auch darin hinter keinem anderen Volk der Welt zurückzustehen. Die Engländer, das sind vielleicht die einzigen, denen wir noch nachstehen in den überseeischen Unternehmungen. Kleben uns Reste aus der kleinen und armen Zeit an, so kommen sie von unserer historischen Entwicklung her und mit ihr werden sie auch gehen. Und dazu dient am allerbesten, daß wir so viel als möglich darnach streben, die Summe derjenigen Menschen, die etwas Bedeutendes sein und leisten können, zu vervielfältigen und in einer solchen Weise zu beschäftigen, daß sie ihrem Vaterlande die Dankesschuld ihrer Erziehung wieder abtragen. Die Schulhäuser nützen wenig, wenn nicht die vielseitige Schule des Lebens sich ihnen anschließt und für diese eben steht es uns an, etwas mehr Ellbogenraum zu verlangen. Den Thätigsten, Unternehmendsten gerade vermögen wir im eigenen Lande nicht genug Boden zu geben, deshalb gehen sie hinaus und erstaunen uns und die Welt mit ihren Erfolgen im Ausland. Wenn wir sie nun auf eigenem, geschütztem Boden verwenden können, so schaffen wir damit eine Vermehrung der Nationalkraft, die auf das Höchste anzuschlagen ist. Und hier ist besonders auch eines zu erwähnen. Sobald die Leute, die in unsern gedrängten Verhältnissen aufgewachsen sind, hinauskommen, entwickeln sie sich oft mit einer staunenswerten Schnelligkeit. Die Kräfte, die hier in unserem behaglicheren vaterländischen Leben einfach schlummern, die werden dort geweckt. Das ist also ein weiteres Moment, die Vermehrung tüchtiger Kräfte, über die kein anderes Volk besser so verfügt, eine Vermehrung nicht etwa durch künstliche Aufzüchtung, sondern durch bessere, vielseitigere Verwertung in dem Sinne, daß wir besonders dem intelligenteren, thatkräftigeren und kühneren Teil unserer Auswanderer zurufen: „Gehe hinaus und zeige dort, was Du kannst! Deutschland schützt Dich, damit Du gedeihest und deutsch bleibest.“

Es ist heute nicht mehr möglich, das Wort „Bildung“ in dem Begriffe zu fassen, den es vor nicht vielen Jahren noch hatte. Jeder Mensch, der sich kräftig regen will, bedarf heute einer Bildung, die man im wahren Sinne Weltbildung nennen kann. Die kann auch im Binnenland erreicht werden, wenn sich das binnenländische Volk bewußt ist der Summe überseeischer oder überhaupt Weltinteressen, die es hat und seine Kräfte darnach übt. Nun, niemand weiß besser, als wir in München, wie außerordentlich schwer es ist, eine richtige Anschauung zu haben von dem kolossalen Gewicht der überseeischen deutschen Interessen und niemand kann besser ermessen als wir, welcher Fortschritt dadurch gegeben wäre, wenn allein auch nur in unserer Presse statt des Gequängels aus allen möglichen Krähwinkeln Nachrichten von dem gebracht würden, was in der weiten Welt unter deutscher Fahne, aus deutscher Kraft, zu deutscher Ehr' und Ruhm geschieht. Das erzieht ein Volk zu den Weltaufgaben, die eine Großmacht heutzutage bewältigen muß, das gibt ihm weiten Blick, erfüllt es mit Thatendrang und gutem Mut und läßt es weit davon entfernt sein, schlotternd, in Furcht vor den Bambergerschen Nasenstübern auf die ungewohnte größere Bühne der Weltgeschichte zu treten, zu welcher Alteuropa, nach allen vier Erdteilen sich öffnend und ausgreifend, in diesem Jahrhundert sich mehr und mehr erweitert hat. In dieser Beziehung kann man in der Lösung der Kolonialfrage ein Stück Nationalerziehung großartigen Stiles sehen. Dieselbe setzt, indem sie uns aus der europäischen Engstaaterei herausführt, einfach nur den Weg fort, auf dem sie uns aus der deutschen Kleinstaaterei befreit hat.

Wer Ohren hatte zum hören, der konnte schon am Morgen nach der denkwürdigen Kommissionssitzung vom 23. Juni d. J., in welcher Bismarck die Grundlinien der deutschen Kolonialpolitik entwickelte, merken, daß den Nörglern etwas in die Glieder gefahren sei, was, wie man's nun nennen mag, jedenfalls weit entfernt war von dem Mut, der die Konsequenz einer unüberlegten Handlung mit starker, wenn auch fehlender Hand zieht. Die Richter und Rickert mochten merken, daß der Reichskanzler ihren kleinlichen Winkelzügen ein unerbittliches Matt gesetzt hatte. Bamberger, im Nachgefühl seiner langen Rede schwelgend, merkte wohl weniger davon. Er fiel wohl erst dann aus seinen Himmeln, als er genötigt ward, Verdächtigungen zurückzunehmen, faule Fische, die er unvorsichtig genug im gewohnten Redefluß hatte mitschwimmen lassen. Die anderen aber, scheinbar klüger, meinten das Kolossale ihres Irrtums zu vermindern, indem sie das Objekt soviel wie möglich verkleinerten und die Aufmerksamkeit Deutschlands vorwiegend auf die maßvolle mäßigende Sprache des Reichskanzlers richteten. Nun, Deutschland ist gutmütig, aber es läßt sich doch von diesen Herren nichts aufschwatzen, die jetzt die Parole ausgaben: Deutschland ist von einem ungeheueren Kolonialschwindel ergriffen und das wesentliche Verdienst des Reichskanzlers besteht darin, diese fliegende Hitze zu dämpfen. Wo ist hier, frage ich, der Schwindel? Welche Nation ist in ähnlicher Lage bedächtiger verfahren? Die abenteuerlichen Pläne existieren bloß in der Phantasie dieser Herren, die sie jetzt gerade brauchen konnten. Man hätte einen beglaubigten Bericht jener Sitzung in 100000 von Exemplaren durch Deutschland gehen lassen sollen, dann hätte unser Volk gesehen, was es an diesen Vertretern eigentlich hat, die die vollberechtigte Spannung angesichts der Verheißung so wichtiger Maßnahmen, wie der Reichskanzler sie damals machte, für Schwindel erklären, um ihre eigene Verlegenheit zu verbergen.

Dies meine Herren ist der geschichtlich nachweisbare Grund der mitleiderregenden Haltung, welche die Reichsnörgler in den letzten 4 Monaten gegenüber der sog. Kolonialfrage eingenommen haben. Der Reichskanzler bot keinen Angriffspunkt mehr, nun mußte das Volk herhalten, das sich angeblich für ein Nichts begeistere. Sehen Sie zu, wie fadenscheinig ihre Gründe und halten Sie die Entrüstung zurück, die über solches Gebahren Sie ergreifen muß.

Gewöhnlich wird der Handel als diejenige wirtschaftliche Thätigkeit bezeichnet, die in erster Linie bei dieser Kolonialpolitik gewinnt, und es ist keine Frage, er hat bis heute schon viel, ja am meisten dabei gewonnen. Lesen Sie die Konsulatsberichte und sonstige zuverlässigen Mitteilungen aus fernen Ländern und Sie werden finden, daß der deutsche Handel außerordentlich viel leistet und daß er Früchte davon zieht, daß er aber auch des starken Rückhaltes der Reichsmacht bedarf und mit Recht sie verlangt. Welches Dorngestrüpp giftigen Neides sich an sein fröhliches Wachstum herandrängt, haben Ihnen die Zetteleien der Engländer in Westafrika gezeigt. Gegen Derartiges braucht es Kriegsschiffe und Konsuln, die den Eindruck machen, daß sie nicht in der Luft stehen. Die eine Thatsache, daß nirgends mehr als in den intelligentesten und urteilsfähigsten Kreisen unserer großen Handelsstädte der Anfang der deutschen Kolonialpolitik begrüßt worden ist, zeigt am besten was der Handel von derselben erwartet und daß die Kolonialpolitik am besten mit dem Schutze dessen anfängt, was schon da ist. Aber dem deutschen Handel allein gilt nicht diese Kraftentfaltung. Er, der bisher am öftesten unter dem Übergewicht politischer Mächte, denen wir dort bis heute keine Organisation entgegenzusetzen hatten, gelitten hat, gewinnt allerdings zuerst durch dieselbe. Es ist indessen eine ganz falsche Auffassung Virchows, wenn er den ganzen Erfolg dessen, was Deutschland heute an der Westküste Afrikas in einer Weise unternimmt, deren Verantwortungen sicher lange voraus erwogen worden sind, dahin zusammenfaßt, daß das alles **nur** darauf ausgehe, unsern Export zu stärken. Es ist das eine Verkleinerung einer folgenreichen national-politischen Thar, wie sie nur die Parteitaktik eingeben mag. Aber auch nur aus dieser heraus ist so etwas möglich. Leuten, welche die deutsche Entwickelung von 1864—70 nur zu benörgeln vermochten, kann man freilich in dieser Beziehung alles zutrauen. Wir schaffen allerdings mit dieser überseeischen Politik keine Panacee für irgend ein soziales oder politisches Übel, aber wir ermutigen, kräftigen, fördern damit die deutsche Nation, auf Wegen weiterzugehen, die sie nicht etwa in abenteuerlicher Einsamkeit, sondern in bester Gesellschaft aller Kulturvölker betritt. Sie kann und darf nicht in diesem Zirkel europäischer Interessen, russischer oder französischer Intriguen, holländischer und dänischer Bagatellen eingeschlossen bleiben. Diese überseeische Politik schafft Deutschland mehr Luft und Licht und bereitet vor die Weltstellung, ohne die fürder keine Großmacht denkbar ist.

Die politische Seite der Angelegenheit liegt ja so klar. Wie kann man dieses verkennen? Hat nicht, was ein großes Land für die Dauer Bestimmtes auch immer thun mag, einen politischen Charakter? Früher oder später hat oder gewinnt unser Eingreifen in Afrika einen politischen Zweck, ein politisches Ziel. Es ist vielleicht schon da und sehr unerwartet mag eines Tages diese Politik Deutschlands Feinden ihr Medusenhaupt zeigen. Nehmen wir das eine: England, soweit es in Europa ist, kann als Inselstaat schwer angegriffen werden, ja man kann ihm auch im Frieden nicht nahekommen. Und doch wäre es vielleicht so wünschenswert, ihm gelegentlich einen leisen Druck oder Wink angedeihen zu lassen, wenn es sich z. B. wieder eine solche Unverschämtheit zu Schulden kommen lassen sollte, wie mit dem Kongovertrag, wo der durchtriebene Schlingel John Bull den guten, aber schwachen Knaben Portugal dazu verleitete, der ganzen seefahrenden Welt das große Kongothor, welches ins Innere Afrikas führt, mit einem lächerlichen Zollschlagbaum schließen zu wollen. Ich frage nur, ob nicht auf solche Fälle die allgemeine Lebensregel Anwendung findet, daß es besser ist, seine Interessen vor allem klar hinzustellen, als sie verletzen zu lassen und dann zu remonstrieren? Indem wir nach Afrika gehen, beugen wir eher Konflikten vor, als wir sie hervorrufen, denn niemand wird fürder dort etwas Wesentliches thun können, ohne sich zu erinnern, daß wir auch da sind, jedermann wird sich hüten, unsere Interessen zu verletzen.

Erinnern Sie sich, als es sich darum handelte, Samoa für Deutschland zu sichern, daß ein Hauptgrund, der dagegen geltend gemacht wurde, der war: das Bischen Samoa, das ist ja viel zu klein, es lohnt nicht der Mühe einer Staatsaktion. Samoa ist freilich nur etwa halb so groß wie unsere Rheinpfalz. Das ist nun viel oder wenig, wie man's nimmt. Allein die Weltgeschichte hat oft schon kleinere Erdräume mit unvergänglicher Bedeutung geweiht. Brauchen wir in die Vergangenheit zu blicken, um uns Lehren zu holen, wenn in der Elbemündung der kleine Felsblock

Helgoland liegt, der sich dazu verhält, wie ein Maulwurfshaufen zu einem aussichtsreichen Hügel, und welcher Engländer gäbe den her? Warum wurde denn diese Klippe überhaupt uns genommen? Warum nicht zurückgegeben? Wie kläglich muß es um die historische Bildung dieser Herren vom großen Worte stehen, wenn sie nicht wissen, welche Rolle Helgoland in unserer eigenen Geschichte gespielt hat, eine zollpolitische und eine anderweitige politische Rolle erster Ordnung! Welcher Engländer würde Malta, zehnmal kleiner als Samoa, hergeben, dessen Besetzung Napoleon einst als Großthat angerechnet ward! Überhaupt bei einer solchen weitausschauenden Politik, wer wird da im ersten Anfang gleich auf das sein Augenmerk richten, was jetzt im Moment dem der Fernsicht ungewohnten Blick auffallend entgegentritt? Gewiß, für unsere Aspirationen hätte Samoa größer sein dürfen, aber schon aus der Begehrlichkeit anderer Seemächte hätte man wissen können, daß Samoa eine ausgezeichnete Zentralstellung im Stillen Ozean ist und eines Tages etwa auch ein drohendes Malta zwischen den englischen Fidschiinseln und den französischen Besitzungen auf Tahiti rc. werden könnte. Aber ist es überhaupt billig, uns, den in diesen überseeischen Festsetzungen zuletzt gekommenen, vorzuwerfen, daß wir uns zunächst an das Kleine halten, was eben noch zu haben, nachdem alles Große vergeben? Es kommt mir vor, als schelte Jemand ein Samenkorn, von dem er gar nicht die Erfahrung hat, wie es sich auswachsen wird, ob seiner Kleinheit. Wo es doch für uns in erster Linie darauf ankommt, überhaupt einen Finger, wenn auch den kleinen, in dieser Schüssel zu haben! Seine Bedeutung wird nicht bloß von dem Raume bestimmt, den er bedeckt, sondern mehr von der Kraft des Körpers, dem er angehört und mit der sein Anteil zu schützen und unter Umständen auch gehörig nachzudrücken wäre! Also dieses Motiv anzuführen, das auch jetzt wieder bezüglich der westafrikanischen Erwerbungen verwertet wurde, ist — ich wage es zu sagen: verdächtig. Es sollten doch Leute in diesen Parteien sein, welche über die Hohlheit dieses Grundes sich nicht täuschen können!

Es ist das gerade so, wie wenn sie von der Armut dieser Länder sprechen. Ich denke mir, wie Herr Lüderitz im Stillen lachen wird, wenn er die Herren Virchow oder Richter von der Armut seiner Länder, seiner Sandbüchsen sprechen hört! Er, der gewiegte Bremer Kaufmann, war dort und gibt das Geld, und diese Herren, die so weit davon sind, sprechen so sicher! Seltsam! Er hat gewiß die Katze nicht im Sack gekauft. Aber zugegeben, der Einwurf sei momentan richtig — wiewohl er immer kurzsichtig ist, denn erst jetzt untersucht man die Länder genau —, es gibt auch andere Wüsten und Strecken am Meer, die öde sind. Aber, haben nicht die Chilenen es sich vor einigen Jahren Tausende von Soldaten und Millionen Pesos kosten lassen, um eine solche Wüste, die von Atacama, zu erwerben, wo sich reiche Salpeter- und Silberlager befinden? Wer sagt uns heute, wo wir erst am Beginn der Erforschung dieser Länder sind, was dort zu finden ist? Und wenn jene eben genannte Wüste Atacama für Bolivien von solchem Werte war als Durchgangsland nach dem Stillen Ozean, daß es seit Jahrzehnten um dieselbe rang, sollte nicht Lüderitzland einst als Durchgangsland für die Binnengebiete nach dem Atlantischen Ozean eine Bedeutung unabhängig von seinem Bodenwert gewinnen können, zumal Angra Pequena neben der Walfischbai der einzige gute Hafen dieser Küste ist? Wenn, wie wir hoffen, Deutschland sich wieder wie dereinst an der großen Seefischerei beteiligt, wird nicht Angra Pequena einen trefflich gelegenen Hafen für die Ausbeuter der noch immer reichen Wal- und Robbengründe der antarktischen Meere bieten? Und wenn wir aber endlich gar den Fall setzen, daß der Verkehr mit dem Indischen Ozean sich wieder zeitweilig dem Wege um Afrika zuwenden müßte, ein Fall, der ja in diesem ägyptischen Wirrsal nicht gar so ferne liegt, würde nicht der Besitz eines nationalen Hafens an dieser Küste und in dieser Breite sich als sehr wertvoll erweisen? England hat in dieser Voraussicht auf die öden Klippen von St. Helena und Ascencion nicht verzichtet, über deren Armut und geringe Größe allerdings kein Virchow oder ähnliche „Politiker“ ein kurzsichtiges Urteil abzugeben veranlaßt waren.

Herr Virchow hat von Angra Pequena nur das eine bestimmt gesagt, daß es jedenfalls kein Wasser habe. In demselben Moment lesen wir, daß Lüderitz so und soviel 1000 Meter Bohrgestänge hinschickt. Man darf dem bremer Kaufherrn soviel Verstand zutrauen, daß er diese nicht gekauft hätte, wenn er nicht schon wußte, daß er mit denselben Wasser holen kann. Und nach innen nimmt das Wasser bekanntlich rasch zu. Wer über diese Dinge sprechen will, sollte doch wissen, daß in jenen trockenen Klimaten Südafrikas, Australiens, Kaliforniens u. s. w. es angesichts der Technik dieses Jahrhunderts überhaupt kein unbedingter Vorwurf mehr für ein Land ist, wasserarm zu sein. Mit Bohrungen, Leitungen, künstlichen Reservoirs macht man dort alljährlich Dutzende von Quadratmeilen fruchtbar, und es lohnt die beständige Sonne, der Boden und die Sicherheit der Ernte vor unzeitiger Nässe die Kosten und Mühen. Man ist solche leichte Sachen von Bamberger und Richter gewöhnt, aber daß ein Mann wie Virchow, der in der ernsten Pflege der Wissenschaften so groß geworden ist, sich eines so raschen Urteils nicht enthalten kann, zeugt nur für die Verblendung des Parteistandpunktes. Traurig ist dieser Anblick. Ich weiß nicht, ob es ein Trost ist, wenn ich Ihnen versichern kann, daß Herr Professor Virchow sich hüten würde, in dieser voreiligen Weise wissenschaftliche Fragen zu besprechen. Die Wissenschaft wird aber auf dieser Seite jedenfalls ernsthafter betrieben, als die Politik und — mit besserem Erfolg.

Was wie ein wahres Schreckgespenst herhalten muß in diesen Tiraden der Nichtswoller, die darum die sterilsten Nichtskönner zu sein verdammt sind, ist die Unpassendheit Afrikas für den Ackerbau. Das ist auch wieder so ein flaches, rundes, leicht gesagtes Wort. Es ist aber doch nur so leicht, weil jeder Last des Beweises ledig. Mit Recht sind wir aber mißtrauisch gegen die Worte, die so leicht vom Munde gehen, und fragen doch lieber Männer, die mit Sachkenntnis dort sich umgesehen, als leichtherzige Redegladiatoren. Nun sagt Paul Pogge, dieser erfolgreichste unserer Afrikareisenden, der jedes Lob von sich abzustreifen pflegte, indem er bescheiden sagte: „Ich bin nur ein einfacher

Landwirt", den wir aber als den zuverlässigsten Beobachter und wahrhaftigsten Schilderer innerafrikanischer Länder hoch verehren, folgendes: „Der Ansicht vieler Reisenden, daß ein Europäer hier keine Handarbeiten dauernd vornehmen könne, widerstreite ich auf das entschiedenste. Ein europäischer Arbeiter wird gewiß nicht im stande sein, ohne gesundheitsschädliche Folgen hier ebenso lange und schwer zu arbeiten wie in Europa, aber ebenso zweifellos wird er vermögen, ohne erhebliche und der Gesundheit nachteilige Körperanstrengung des Morgens und während des späteren Nachmittags, einige Stunden leichte landwirtschaftliche Arbeiten etwa mit dem Pfluge zu verrichten — und eine Arbeitsstunde bringt in landwirtschaftlicher Beziehung hier in Afrika vielleicht zehnmal mehr Resultate als in Norddeutschland. Hausarbeiten (d. h. Arbeiten im Schatten eines Hauses vollzogen) werden hier von Europäern ebenso lange vorgenommen werden können, wie in Europa, denn es ist nicht die relative Wärme, sondern es sind nur die brennenden Strahlen der Sonne, die wehe thun und vor denen namentlich ein Ankömmling sich schützen muß." Wer wagt angesichts eines solchen ruhigen Urteils, das den Stempel der Erfahrung trägt, zu zweifeln, daß mit zunehmender Besiedelung der Erde auch Afrika überall, wo es Hochländer besitzt, weiße Ansiedler aufnehmen wird? Gewiegte Kenner Afrikas wie Felkin und Rohlfs haben über andere Striche ganz ähnlich wie Pogge hier über das südäquatoriale Hochland sich ausgesprochen.

Kommt es Ihnen nicht noch mehr geschmacklos als unbillig vor, die Anstrengungen tüchtiger Männer, denen wir alle danken und deren Bemühungen wir höchstens mit stiller Hoffnung begleiten sollten, derart öffentlich zu bekritteln? Ist doch Niemand gehalten, mitzuthun! Und wer von uns möchte eine Garantie übernehmen, daß in diesen Unternehmungen nicht da oder dort ein Rückschlag eintrete? Niemand gewiß; denn ein Kind weiß, wie schwer solche ersten Keime in fremdem, überseeischem Boden oft kämpfen, bis sie dann plötzlich in die Blüte schießen, daß es eine Freude ist. Wir wünschen aber das Beste. Die Geschichte deutschen Unternehmungsgeistes gibt uns auch ein gutes Recht dasselbe zu hoffen, aber kein Recht zu solchen Kritiken, die ja auch im Grunde gegenstandslos sind. Das Privatinteresse dieser bestimmten Herrn X und Y in Bremen, Hamburg oder sonstwo geht momentan mit dem nationalen Interesse Hand in Hand, in 10 Jahren können, wir wünschen es zwar nicht, andere Namen dort genannt werden. Die Hauptsache für uns ist, daß der deutsche Name, das Interesse der Nation an diesem Fleck Erde haften bleibt und daß sie das anbahnen, danken wir den Lüderitz und Wörmann, deren Namen in der deutschen Geschichte einst ebenso hell leuchten werden, wie diejenigen anderer hanseatischen Pioniere, welche vor 500 Jahren die deutsche Flagge in der Ost- und Nordsee zur stolzesten machten. Die Verkleinerung ihrer Bestrebungen wird ihnen aber endgültig ebensowenig schaden, wie es dem Reichskanzler geschadet hat, wenn z. B. der Abgeordnete Virchow als Berichterstatter der Adreß-kommission am 23. August 1866 die großen Erfolge dieses Jahres „ganz allein den Thaten des Heeres" zuschrieb. Die Wahrheit macht sich Bahn.

Gewiß, wenn wir vor 200 Jahren zu entscheiden gehabt hätten, würden wir uns auch lieber aus Nordamerika, dessen Boden und Klima möglichst dem unsern entspricht, ein Neudeutschland geschnitten haben; allein heut haben wir diese Wahl nicht und thöricht wäre es doch, das schwarze Brot zu verschmähen, weil wir zu spät zum weißen kamen. Afrika ist schwerer zu bebauen als Amerika oder gar Europa, aber die Menschheit wächst und sucht nach Boden und sie wird Mittel finden, und finden müssen, auch auf diesen Hochebenen Innerafrikas, die in der doppelten Meereshöhe Münchens liegen und darum zu den gesünderen Tropenländern der Erde gehören, Millionen von Europäern eine neue Heimat zu schaffen. Nun handelt es sich für uns aber noch gar nicht, Menschenmassen dahin zu senden, dazu sind wir viel zu vorsichtig, wir prüfen erst und wollen höchst sorgsam vorgehen, allein ein paar Thore und einen Weg zum mindesten möchten wir uns freihalten, und das benörgelt man nun. Glücklich, daß diese Redner sicher sind vor dem Fluche kommender Geschlechter, denen sie in ihrer Rechthaberei die Welt ebenso versperren möchten, wie es uns der 30jährige Krieg gethan. —

Wo soviel verneint wird, bliebe doch auch etwas zu bejahen. Aber der Geist der Krittelei siegt über alles. Nur das ewige hohle „Nein“ klingt uns hier entgegen. Man hätte z. B. denken sollen, daß ein Mann, der so früh aufsteht, wie Windthorst, sich längst den Nutzen klar gemacht hätte, den die aktive Beteiligung Deutschlands an der großen Kulturarbeit der Urbarmachung jener Völkerwildnisse der Kirche bringen muß, die der schwarzen Mohrenseelen sich annimmt. Allein die Anforderungen der parlamentarischen Fechterspiele haben offenbar diesem „Staatsmann“ nicht gestattet, sich zu erinnern, was deutsche Katholiken, z. B. am Obernil, und ganz speziell kreuzbrave Bayern, die dort auf dem Schlachtfeld des Glaubens geblieben, unter ungünstigen Verhältnissen für die Christianisierung der Neger gethan haben. Indessen war es ja ebenso in der Samoaangelegenheit, wo der Bremer Kaufmann Mosle die allerchristlichste Partei daran erinnern mußte, welche Wohlthat ein aktiveres Auftreten Deutschlands im Stillen Ozean für die Missions- und überhaupt die Humanitätsinteressen haben würde. Natürlich stimmt dieselbe dann doch geschlossen mit „Nein“, denn so was, meinen die Kleinen, ärgert Bismarck.

Meine Herren, gestatten Sie mir zum Schluß nur noch wieder anzuknüpfen bei dem, wovon ich ausging, nämlich bei der Behauptung, daß die nationalliberale Partei sich freuen dürfe, daß gerade in der Zeit einer regeren Thätigkeit, aus welcher sie reiche Früchte und ganz besonders eine Verstärkung ihrer eigenen Stellung erwarten darf, diese Kolonialanläufe zum Klappen kamen. In der Behandlung der Kolonialfrage, wie sie im vorigen Reichstag beliebt wurde, erblickte der tiefer sehende deutsche Patriot zwei Gefahren: einmal die der Schädigung politischer und wirthschaftlicher Interessen von hoher Wichtigkeit, dann aber auch die Gefahr einer Diskreditierung des Parlamentarismus, wie sie stärker nicht gedacht werden könnte. Was in dieser Angelegenheit gegen die Pläne der Reichsregierung vorgebracht ward, trägt den Stempel des politischen Dilettantismus von Anfang bis zu Ende. Ist es aber nicht gefährlich, wenn die Regierung so gut weiß, was sie will, und der Reichstag in seiner Mehrheit weiß es so schlecht? Solch ein Reichstag wird gemeinschädlich. Die Nation sagt sich, wenn z. B. ein Mann des großen und häufigen Wortes, wie Windhorst, äußert: Diese Frage muß ich erst studieren, heben wir sie bis zur nächsten Session auf, ein solcher Mann ist doch kein richtiger Staatsmann, denn die Kolonialfrage ist so innig verwachsen mit unserem ganzen politischen und wirtschaftlichen Sein, daß es beschämend ist, Unkenntnis zu plaidieren. Wer seit Jahren die Berichte aus überseeischen Gebieten und die Äußerungen dazu auch nur der politischen Blätter verfolgt hat, die Fachliteratur ist kaum zu übersehen, hat gesehen, wie außerordentlich eng sie zusammenhängt mit der ganzen Summe unserer Interessen, und mußte lange wissen, daß hier keine Laune eines Volkes, das sich großpolitisch amüsieren will, sondern eine bare nationale Notwendigkeit vorliegt. Er mußte sich mit ihr vertraut machen, wie ja so manche tüchtige Kraft in der Nation es vorher gethan hat. Wer aber erst daran geht, die Frage im allgemeinen zu erwägen, wenn der Reichskanzler eine konkrete kolonialpolitische Vorlage bringt, die vielleicht gar keine Verspätung duldet, der ist ein Mann, der das System der Volksvertretung heruntersetzt. Immerhin ist er mir aber noch etwas lieber, als Herr Bamberger, der auf seine nicht vorhandene Kenntnis der Handelsberichte[1]) hin mit unqualifizierbarer Keckheit die unbegründetsten Behauptungen aufstellt. Nicht immer können aber diese Dinge warten. Mit Recht sagt man sich, daß in das Parlament Männer gehören, die, wenn auch nicht soviel

---

1) Es ist unwiderleglich nachgewiesen, daß Herr Bamberger unsere amtlichen Handelsberichte, die er gegen die Dampfersubvention ins Feld führen wollte, gar nicht gelesen haben kann. So weit führt die Rechthaberei!

Vorausblick wie der Reichskanzler, doch so viel Blick für die Bedürfnisse der Nation haben, daß sie das im allgemeinen voraus erwogen haben, was in dieser Beziehung der Nation frommen muß, damit sie ihren Rat geben können, wann und wo er verlangt wird, wobei ich von der Vertrauensfrage ganz absehen will, die doch hier gewiß nicht zuletzt in Betracht gezogen zu werden verdient. Handelt es sich doch um Probleme, die überwiegend in das Gebiet der auswärtigen Politik gehören. Nun haben ja auch selbst die Nörglerparteien in bezug auf diese irgend einen Grad von Vertrauen entweder zugegeben, oder wenigstens, was ihnen besser paßt, nicht das Gegenteil davon gesagt. Um was es sich handelt, wissen alle. Zum Überfluß hob aber wiederholt Fürst Bismarck in seinen Darlegungen vor der Budgetkommission des Reichstages am Abend des 23. Juni d. Js. die innige Verbindung einmal der Dampfersubvention mit den kolonisatorischen Anfängen an der westafrikanischen Küste und dann aber beider mit seiner ganzen auswärtigen Politik hervor und gesellte ausdrücklich dieser Verbindung auch die Samoavorlage zu. Und wenn nun aber dennoch einmal opponiert werden muß, weil man ja sonst nicht in die Zeitungen käme, so müßte doch, sagen wir uns, unbefangene Bürger, die wir sind, jede Partei, welche es nun auch sei, sich gestehen: wenn die Regierung, die im ganzen unser Vertrauen in auswärtigen Dingen hat, solche Pläne vorlegt, müssen wenigstens die Parteirücksichten und die persönlichen Liebhabereien, und besonders die kleinlichen Anfeindungen, zurücktreten. Es handelt sich jetzt entweder darum, der Regierung ausgezeichnete Gründe entgegenzustellen, oder, wie es in England und Frankreich in solchen Dingen, zur Ehre ihrer Politiker sei es gesagt, mehr als bei uns üblich, ohne Unterschied der Parteistellung sie zu unterstützen. Entweder — Oder! Entweder hält man überhaupt ein überseeisches Ein- und Ausgreifen für vollkommen verderblich, und sagt kurz und gut: Deutschland darf nicht hinaus, es muß eine reine Kontinentalpolitik verfolgen, es muß seine Kräfte in sich vergären und verfaulen lassen, aber nur nicht hinaus, nicht in Gefahr sich begeben! Dafür müßte man aber dann doch ganz andere Gründe anführen, als die schlechten Witze der Herren Bamberger und Richter [1]) sind. Oder es bleibt die andere Seite der Frage und das ist, daß man einer Regierung, die in ihrer auswärtigen Politik das Vertrauen der ganzen Nation besitzt, daß man der Regierung die Arbeit erleichtert. Aber diese zwecklosen Nadelstiche nützen ja höchstens dem Feinde, der sich darüber freut, wenn er die Geister der Regensburger Reichs- und Frankfurter Bundestage wieder aufleben sieht.

In anderen Dingen kann ja die Regierung zur Not allein gehen, hier aber wäre die Unterstützung ihres Vorgehens durch eine möglichst einmütige Zustimmung der Volksvertretung höchst erwünscht gewesen, weil es sich um den Eintritt in eine Bahn handelt, in die von Seite anderer Mächte Hindernisse geworfen werden, Hindernisse, die gewiß bälder verschwänden, wenn diese Störer unseres ruhigen Weges gemerkt haben würden, daß die Nation ungeteilt hinter der Regierung steht. Aber das ist ja eben eine der unglücklichen Folgen dieser Art von parlamentarischer „Wirksamkeit", daß von der türkischen Musik ihrer Beredsamkeit man jenseits der Grenzen nur das immer wiederkehrende Bum Bum vernimmt und daher voll Schadenfreude geneigt ist, diesen Musikern mehr Wirkung zuzutrauen als sie glücklicherweise besitzen, ja in diesen einförmigen Tönen womöglich das Gewehrfeuer eines Gefechtes zu hören vermeint, aus dem der Reichskanzler böse Wunden davonträgt. In der Beratung der Samoafrage leugnete Herr Bamberger, daß das Ausland sich gerade um diese Beratungen so sehr kümmere, als man ihm entgegenhielt, daß der Hohn, den er über jene patriotischen weitsichtigen Pläne ausgoß, dort schaden könne, wo

---

[1]) Zur Kennzeichnung der Gattung möge hier einer affichiert sein, welcher zeigt, was diese Parlamentarier sich und uns bieten. Als in der Verhandlung über die Dampfersubvention im Juni d. J. Fürst Bismarck die ewige Wahrheit ausgesprochen, daß ohne Glauben an den endgültigen Erfolg alle besten Gründe in den Wind gesprochen seien, meinte Richter, mit Staunen höre er hier von Glauben reden. Er habe wohl schon von Glauben an übersinnliche, nie aber an überseeische Dinge gehört! — Der stenographische Bericht bemerkt nichts von der üblichen „Heiterkeit".

man mit nervöser Ungeduld darauf wartet, daß unsere Regierung sich Blößen gebe, Schwächen zeige. In eleganter Redewendung meinte er damals „kein Hund und keine Katze würden darnach fragen". Es kam aber doch ganz anders. Gambettas Organ, die „Republique française" sprach von dem tragischen Schicksal des Reichskanzlers und wunderte sich nur, wie ruhig der Deutsche dem zusehe. Die „France" jubelte „Deutschlands Einheit wird sich nicht konsolidieren". „National" und „Journal des Débats" nahten mit dem mephistophelischen Rat, Deutschland möge nur einmal den Reichskanzler abschütteln und einen anderen probieren. Und die erste der Schweizer Zeitungen, die „Neue Züricher Zeitung" spottete über den Sieg der Krähwinkelei und der reinen Parteiinteressen. „Die günstige Gelegenheit, schrieb sie, für Deutschland gleich den andern Mächten nach und nach zu einem kolonialen Einfluß zu gelangen und dadurch erst ihnen ebenbürtig zu werden, ist nun wohl für immer verpaßt." Herr Bamberger war also doch wieder etwas vorschnell mit dem Mund gewesen. In Deutschland aber gab die auffallende Übereinstimmung der Wünsche des Erbfeindes mit der Haltung der Opposition zu denken. Diese Opposition, die sich schon damals aus dem Zentrum, dem Fortschritt und den späteren Sezessionisten zusammensetzte, möge denen, die mit mißgünstigem Behagen unseren inneren Streitigkeiten zusehen, nicht noch einmal Anlaß geben, die Ruhe zu bewundern, mit der das deutsche Volk Lebensinteressen kränken läßt! Es möchte sich eine Gewitterluft angesammelt haben, aus der hervorbrechend ein Sturm von Entrüstung die Nasenstüberredner übertönen und, hoffen wir es, wegfegen würde.

Wir haben ja durch Äußerungen des Reichskanzlers einen Einblick gewonnen in diese Art diplomatischer Arbeit, wie sie unter vielfachen Reibungen sich vollzieht. Da wäre es doch viel eher geboten, Öl statt der Sandkörner kleiner Aussetzungen in die Gelenke des Staatswagens zu gießen. Welches Kapital haben die englischen Blätter, besonders in Australien, seinerzeit aus der Ablehnung der Samoavorlage geschlagen! Eine der ersten Folgen war die Bestreitung deutscher privater Besitzrechte auf den Fidschiinseln, eine

Sache, die, seltsam genug, bei uns in Deutschland selbst kaum erwähnt worden ist. Man kann nicht sagen, daß beide Dinge zusammenhängen, aber die ganz entsprechende Haltung Englands in der Frage weiterer Annexionen in Neuguinea und anderwärts legt doch den Gedanken nahe, daß auch dies geschehen sei mit unter dem Eindruck der Ablehnung dieser Vorlage, welche Ablehnung jenen praktischen Leuten nichts anderes bedeute, als: Deutschland will seine Bürger nicht so schützen, wie es sie schützen könnte und wie die Regierung es wollte. Greifen wir zu, sagten sie sich, ehe es sich besinnt. Frankreich neben uns im Stillen Ozean ist gerade Nachbar genug, teilen wir dieses Dritteil der Erdkugel unter uns! Gerade die Engländer, davon darf man fest überzeugt sein und dafür spricht die Haltung ihrer Zeitungen, dafür sprechen die Worte ihrer Staatsmänner und Parlamentarier, wollen uns erst auf diesem Feld kennen lernen. Sie sollen es! Die Engländer haben uns gar nicht zugetraut, daß wir überhaupt den ernsten Willen hätten, hinauszugehen. Sie haben uns zwar zugetraut, daß wir oder vielmehr der Reichskanzler — denn hier muß ihm allein die Ehre gebühren — so viel politisches Geschick besitzen, um unseren großen Feind auf sehr lange Zeit zahm zu machen, daß ich nicht sage an die Kette zu legen, aber nicht so viel Kühnheit ihnen gegenüber, um dann ruhig und unbekümmert dahin zu wandeln, wo es uns gefällt! Meine Herren, die Engländer, mit denen wir in dieser Frage am meisten in Berührung kommen und die ja unsere fortschrittlichen Blätter so gerne bald als Muster, bald als Popanz, mit dem man uns droht, vorführen, die Engländer kennen und achten überhaupt nur fest und sicher handelnde Menschen, und eine Nation, die so viel zu konservieren hat, wie die Engländer, die auf dem Punkte angekommen ist, so viel zusammengerafft zu haben, daß sie hauptsächlich nur noch konservieren muß, was sie in Jahrhunderten, die uns die dunklere Seite zeigten, gewonnen, fängt keinen Kampf an, wenn sie sieht, daß eine andere starke und kräftige Nation fest entschlossen ist, bessere Chancen, die ihr jetzt innen und au[illegible]e blühen, zu nutzen und auf demselben Wege vorwärts zu schreiten, auf dem jene seit zwei und drei Jahrhunderten ungeheuren Reichtum und schwer erschütterliche Monopole erworben hat. Also die Befürchtungen rücksichtlich Englands sind wohl vollkommen nichtig; im Gegenteil wird man es sicherlich einst als einen der Vorteile dieses Heraustretens auf den Plan der überseeischen Politik bezeichnen, daß es England uns gegenüber zum Respekt auf einer Seite gezwungen hat, wo es uns zu gering schätzte! Deutsche und Engländer sind gemacht, um Achtung vor einander zu haben, aber es darf sich keiner schwach zeigen; das wäre gefährlich. Gerade darin zeigen wir uns ganz stammverwandt.

Was aber die Nasenstüber anbelangt, die uns vorausgesagt werden wollten, die haben sich schon heute zu schallenden Ohrfeigen auf die Wangen jener Partei verwandelt, welche Männer an ihrer Spitze duldet, die unverfroren und unklug genug sind, überhaupt noch mit solchen Dingen uns kommen zu wollen.

Wenn wir es tragisch empfinden, daß von so mancher politischen Vorbereitung zu großen nationalen Dingen das Bewußtsein des Volkes fern gehalten werden muß, um den Erfolg zu sichern, ja daß die heilsamsten Dinge in unserer neuesten Geschichte oft im Anfang dem verleiteten Mißtrauen der Nation begegneten, der die letzten Ziele nicht offenbart werden durften, so ist die Wärme um so berechtigter, mit der wir von dieser Anbahnung einer großen wirtschaftlichen und politischen Aktion sprechen, die bisher voll und klar nach Weg und Ziel erkannt werden kann und deren Tragweite dem einfältigsten Sinne sich nicht verschließt. Und wenn die politischen Leidenschaften sich so ins Kleine und Kleinliche verirrt haben, daß aus offenem männlichem Austausch wohlüberlegter Gründe ein Sticheln und Witzeln, ein leichtfertiges Beschuldigen, ein parlamentarisches Rempeln ohne Würde und Ziel geworden, welcher Partei fällt es dann mehr zu, das Heil und die Würde der Nation hochzuhalten, als der unserigen, die die nationalen Interessen über alles stellt und sich den Mut bewahrt hat, zu Zeiten ein freudiges „Ja“ zu sagen, ohne, wie jene Nörgler, zu fürchten, man werde den Respekt vor ihrem Verstand verlieren, wenn sie immer aufhörten, alles besser wissen zu wollen, ohne es doch *besser* machen zu können. Darin, hoffe ich, von der nationalliberalen Partei im nächsten Reichstag Vieles, Weit- und Tiefreichendes. Sie wird, wenn es nach all dem geht, was wir voraussehen dürfen, sich als das erweisen, was allein uns überhaupt eine Partei wertvoll machen kann, nämlich als eine regierungsfähige Partei, regierungsfähig nicht in dem Sinne, daß sie, weil sie sich selbst regierungsfähig fühlt, sich an die Regierung zu drängen sucht, sondern in dem, daß sie der Regierung nicht nachsteht an Ernst der Arbeit, an Gründlichkeit der Erwägung und an Gefühl der Verantwortung, ein großes Volk zu größeren Geschicken leiten zu müssen und zu wollen. Eine solche Partei regiert mit, die anderen bilden nur eine mehr oder weniger interessante Korona. An solchem Mitwirken hat es aber ganz besonders im Reichstag erheblich gefehlt und deshalb, meine ich, hängt mit all diesen Fragen noch etwas tiefer zusammen, nämlich die Frage, ob überhaupt der Parlamentarismus bei uns in Deutschland sich auf einen Boden wird stellen können, wo er eine große und fruchtbare Thätigkeit entfalten kann. In diesen Fragen, die man nicht kurzer Hand aus den Parteiblättern und zur Not aus einem Buche lernen kann, sondern wo man sich mit schöpferischem Ernst hineinleben muß und wirklich das Volk und seine Geschichte, dann vor allem die interessierten Kreise im In- und Auslande konsultieren muß; in diesen Fragen beweist sich der staatsmännische Volksvertreter als das, was er ist, und in diesen Fragen beweist sich auch der reine Parlamentarier, der das Parlament bloß als Fechtplatz betrachtet, als dasjenige, was das Volk nicht wünschen kann, daß er sei. Für uns, die wir so glücklich sind, das ernsthafteste und gründlichste Volk der Erde uns nennen zu dürfen, paßt überhaupt nicht der Parlamentarismus der Oberflächlichkeit und Geschwätzigkeit, wir wollen keine Oliviers und keine Jules Favres heranziehen. Und darum begrüße ich die offene Aufnahme der Kolonialpolitik von Seite der national-liberalen Partei, die auch darin, daß sie es tief ernst meint, eine nationale, echte deutsche Partei ist.

Wer für die Zukunft des deutschen Volkes warm und tief fühlt, kann nicht wünschen, daß jenes Spiel sich in der nächsten

Session des Reichstags wiederhole. Um so weniger, als diese kolonial-politischen Fragen eine leichtherzige Behandlung nun einmal nicht ertragen. Kolonialpolitik ist auswärtige Politik und die verlangt eine Behandlung, zu welcher Geist und Charakter gehört. Es ist unleugbar, daß jenes Maß von ernster, ruhiger, vollkommen sachlicher Erwägung, welches neben dem Besitz an Geist den Staatsmann macht, in unserm letzten Reichstag auffallend arm vertreten war. Es gehört sehr wenig dazu, in einer Stunde eine Masse von Worten, zur Not auch von Witzen zu leisten, allein das macht keinen Staatsmann und es macht auch keinen Volksvertreter. Es gibt zu Zeiten auch ein patriotisches Schweigen. Und hauptsächlich gibt es einen patriotischen Ernst der gründlichsten Vertiefung in vitale Fragen der Nation. Derselbe wird Gelegenheit haben hervorzutreten. Dabei darf man aber an Parallelen früherer Jahre erinnern. Es ist eine der schwierigsten, opfervollsten Lagen und eine jener politischen Lagen, welche am allermeisten die seltene Tugend der Selbstverleugnung fordern, Regierungspläne zu unterstützen, die man vielleicht nicht sofort in allen Einzelheiten und Zielen erkennen kann, die aber absolut nicht vor der Zeit offen gelegt werden können. Es wird in dieser Beziehung vielleicht ähnlich sein, wie in den Sechziger Jahren, als die Vorgänger der nationalliberalen Partei, der Nationalverein und alles, was ihm ähnlich dachte und fühlte in Deutschland, unentwegt wie auch die Wege von Preußens innerer und äußerer Politik dunkel sein mochten, an dem einen Gedanken festhielt, Deutschland so zu machen, wie es glücklicherweise dann geworden ist. In dieser Kolonialpolitik kann es ähnlich kommen: es wird vielleicht der Fall eintreten, daß die Regierung an einer Stelle zurückweicht und sie wird vielleicht an einer Stelle vorgehen, wo man es nicht erwartet hat. Es handelt sich um eine vertrauensvolle Unterstützung auf Grund eines größeren Maßes von sachlicher Erwägung dieser Dinge, als sie bei den meisten Gegnern bisher üblich war. Die nationalliberale Partei, schon ehe sie in den Reichstag getreten ist, hat den einzig guten Weg betreten, diese wichtigen, weittragenden Dinge so aufzufassen, wie sie aufgefaßt werden müssen, und deshalb erwarten wir einen ganz besonders großen und viel verheißenden Erfolg von ihrer Behandlung derselben im Wahlkampf und im nächsten Reichstag.

www.ingramcontent.com/pod-product-compliance
Lightning Source LLC
LaVergne TN
LVHW042255300926
849161LV00003B/607